My Body In Bemba

Colour and Learn

kasahorow

Revised 2018-07-10
© 2017

Adomaa

Chibemba: Umutwe, Icipeya, Ikufi Na Utukondo

Umutwe, icipeya, ikufi na utukondo.

Umutwe, icipeya, ikufi na utukondo.

Linso, kutwi, umoona na akanwa.

Umutwe, icipeya, ikufi na utukondo.

Ikufi na utukondo.

English: Head, Shoulder, Knee And Toe

Head, shoulder, knee and toe.

Head, shoulder, knee and toe.

Eye, ear, nose and mouth.

Head, shoulder, knee and toe.

Knee and toe.

imibili

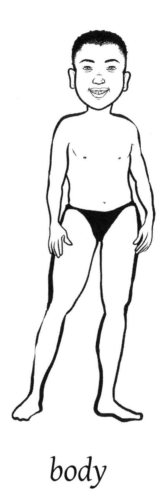

body

umushishi

hair

umutwe

head

cinso

face

linso

eye

kutwi

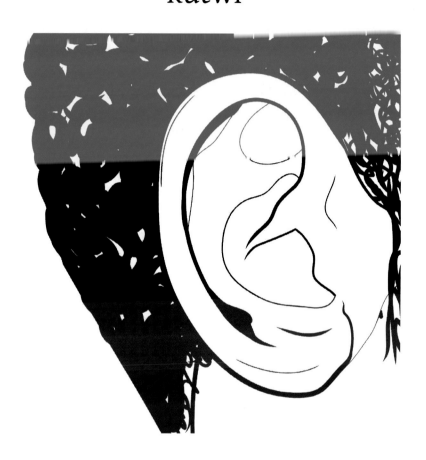

ear

umoona

nose

akanwa

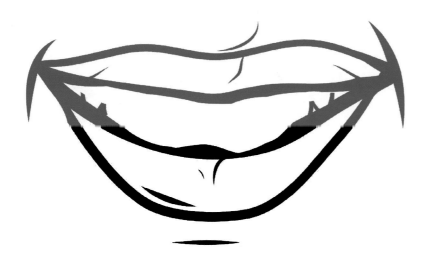

mouth

ululimi

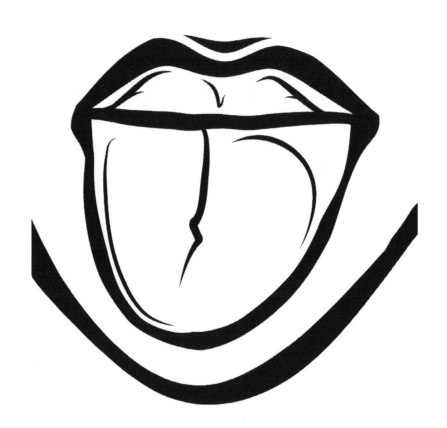

tongue

lino

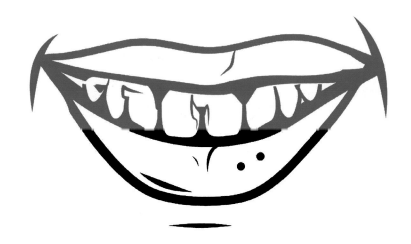

tooth

kalefulefu

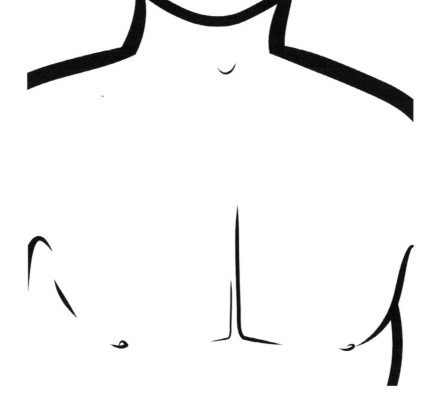

chin

mukoshi

neck

icipeya

shoulder

icisansa

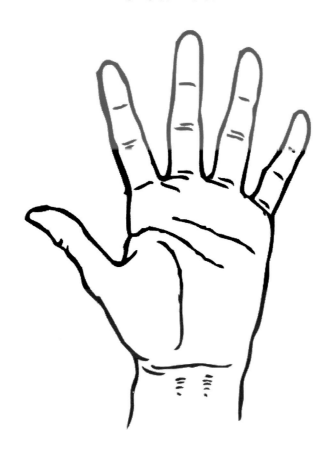

hand

umunwe

finger

icifuba

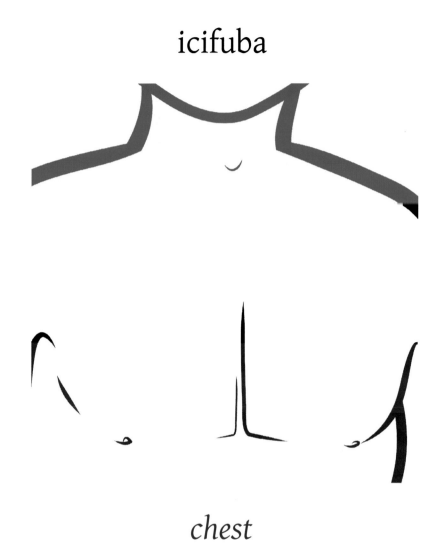

chest

ifumo

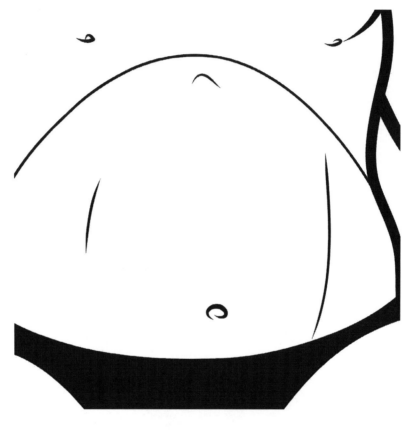

belly

mutoto

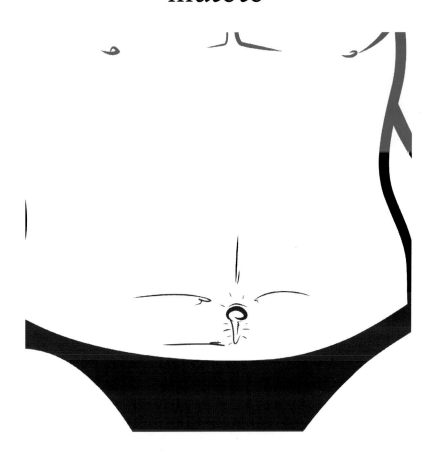

belly button

ikufi

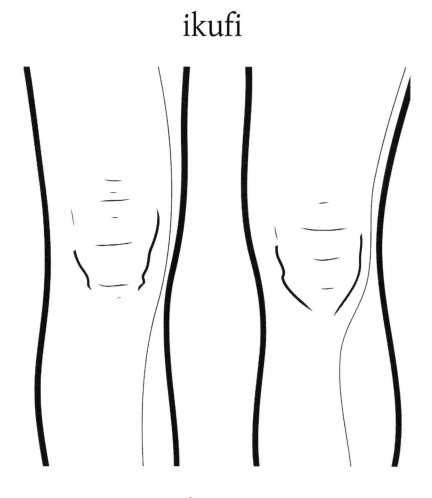

knee

mukunso

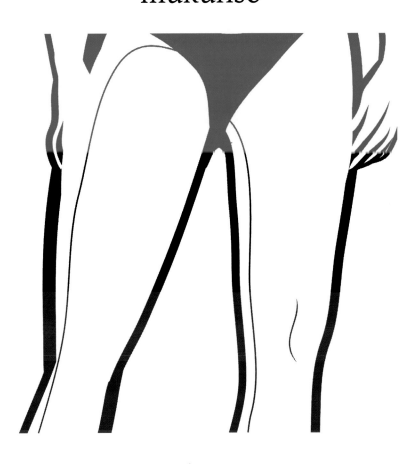

leg

utukondo

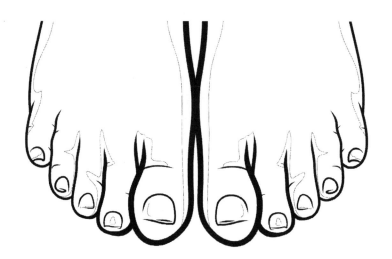

toe

Index

akanwa, 11

belly, 20
belly button, 21
body, 4

chest, 19
chin, 14
cinso, 7

ear, 9
eye, 8

face, 7
finger, 18

hair, 5
hand, 17
head, 6

icifuba, 19
icipeya, 16
icisansa, 17
ifumo, 20
ikufi, 22
imibili, 4

kalefulefu, 14
knee, 22
kutwi, 9

leg, 23
lino, 13
linso, 8

mouth, 11
mukoshi, 15
mukunso, 23
mutoto, 21

neck, 15
nose, 10

shoulder, 16

toe, 24
tongue, 12
tooth, 13

ululimi, 12
umoona, 10
umunwe, 18
umushishi, 5
umutwe, 6
utukondo, 24

Bemba kasahorow Library

```
https://bem.kasahorow.org/app/l
```
help+bem@kasahorow.org

Made in the USA
Monee, IL
14 October 2022